AF341043

COLLECTION BRETON

MONNAIES

ROMAINES, GAULOISES

MÉROVINGIENNES & FRANÇAISES

VENTE AUX ENCHÈRES PUBLIQUES

HÔTEL DES COMMISSAIRES-PRISEURS, RUE SAINTE-GENEVIÈVE, 9

A VERSAILLES

LE MARDI 29 DÉCEMBRE 1903

A 2 heures précises

EXPOSITION UNE HEURE AVANT LA VENTE

<table>
<tr><td>Commissaire-priseur :</td><td>Expert :</td></tr>
<tr><td>M. ALBERT PECQUERIE</td><td>M. J. FLORANGE</td></tr>
<tr><td>RUE SAINTE-GENEVIÈVE, 9</td><td>QUAI MALAQUAIS, 31</td></tr>
<tr><td>VERSAILLES</td><td>PARIS</td></tr>
</table>

1903

COLLECTION BRETON

MONNAIES

ROMAINES, GAULOISES

MÉROVINGIENNES & FRANÇAISES

VENTE AUX ENCHÈRES PUBLIQUES

HOTEL DES COMMISSAIRES-PRISEURS, RUE SAINTE-GENEVIÈVE, 9

A VERSAILLES

LE MARDI 29 DÉCEMBRE 1903

A 2 heures précises

EXPOSITION UNE HEURE AVANT LA VENTE

Commissaire-priseur :	*Expert :*
M. ALBERT PECQUERIE	M. J. FLORANGE
RUE SAINTE-GENEVIÈVE, 9	QUAI MALAQUAIS, 21
VERSAILLES	PARIS

1903

CONDITIONS DE LA VENTE

La vente sera faite au comptant.

Les acquéreurs paieront 10 p. 100 en sus des adjudications.

L'Exposition mettant les acheteurs à même de juger de l'état des pièces, aucune réclamation ne sera admise aussitôt l'adjudication prononcée.

M. J. FLORANGE se charge des commissions qui lui seront confiées, aux conditions habituelles (5 p. 100 sur la limite), et se tiendra à la disposition des amateurs le **Mardi 29 Décembre,** de 1 heure à 2 heures, à Versailles, 9, rue Sainte-Geneviève. Il se réserve le droit de diviser ou de réunir les lots.

Toute demande de renseignements devra être accompagnée d'un timbre pour réponse.

COLLECTION BRETON

—

MONNAIES

ROMAINES, GAULOISES

MÉROVINGIENNES & FRANÇAISES

—

EMPIRE ROMAIN

1. — Octave-Auguste, Tibère, Vespasien, Vitellius, etc. 9 deniers. B.

2. — Domitien. R. COS. V. La Louve avec Romulus et Rémus. (Coh. 50). Or. B.

3. — Marc-Aurèle. R. TR. POT. COS. II. Pallas deb. à dr. Or. B.

4. — Marc-Aurèle, Faustine, Sabine, Lucille, etc. Arg. et billon. 80 p. B.

5. — Valentinien I. R. RESTITVTOR REIPVBLICÆ. L'emp. deb. à g., tenant un étendard et une Victoire. Or. B.

6. — Monnaies de cuivre. GB. MB. et PB. Lot intéressant.

7. — Bractéate au buste de Trajan trouvée dans un tombeau. (Notes de M. Breton.) Or repoussé.

GAULE

8. — Marseille, Volces Arécomiques, Allobroges, Petrocoriens et Elusates. Arg. et Br. 13 p. B.

9. — Sequanes, Eduens, Turons, Senons, etc. Arg. et potin. 23 p. B.

10. — Remi, Catalauni, etc. Potin et cuivre. 11 p. B.

11. — Trévires. LVCOTIOS. Grand œil. R. LVCOTIO. Cheval à g. (La Tour 8821). Statère d'or. B.

12. — Andecaves, Arvernes (Epasnactus), etc. Potin et arg. 5 p. B.

13. — Arvernes (Pictilos). Cuivre. 5 p. var. TB.

14. — Carnutes (Ciamilos et Iburix). Cuivre. 2 p. B.

15. — Carnutes. Cuivre et potin. 12 p. B.

16. — Osismiens, Redons et Curiosolites. Arg. et cuiv. B.

17. — Parisii. Tète à dr. R. Cheval à g.; dessus, filet; dessous, rosace (La Tour 7790 var.). Statère d'or. B.

18. — Parisii. Mèmes types (La Tour 7796). Quart de statère d'or. B.

19. — Bellovaques. Œil. R. Cheval galopant à g.; au-dessus, fibule (7941). Statère d'or. B.

20. — Bellovaques, Caletes, Santones, etc. Arg., or à bas titre et potin. 5 p. B.

21. — Atrebates, Nerviens, etc. Statères et demi-statères d'or. 3 p. B.

22. — Rouelles diverses. Plomb et potin.

MONNAIES MÉROVINGIENNES

23. — Chalon-sur-Saône (Wintrio). Tiers de sou d'or. B.

24. — Bannassac. Tête diadémée, à dr.; devant, une tige. R. GAVALETANO F. Calice; au-dessous, trait horizontal; à l'exergue, BAH. Tiers de sou d'or. TB.

25. — Duerstedt. Buste à dr. R. MAAELINVS M. Croix sur un degré. Tiers de sou d'or. TB.

26. — Marseille. Légende incomplète. Buste diadémé, à dr. R. Légende incomplète. Croix, le pied soudé à un degré, sur un globe, accostée des lettres M-A, et, au-dessous, V-V. Tiers de sou d'or. B.

27. — Imitation de Justinien. Buste à dr. et Victoire march. à g. Tiers de sou d'or. TB.

28. — Mêmes types, mais la Victoire marche à dr. Tiers de sou d'or. 4 var. B.

29. — Buste et croix. Tiers de sou d'or. 2 var. TB.

30. — Saiga d'Arles, de Marseille, Paris, etc. Arg. 9 p. B.

MONNAIES FRANÇAISES

31. — Pépin le Bref et Charlemagne. Deniers. 4 p. B.

32. — Louis Ier le Débonnaire. Denier de Melle. TB.

33. — Charles le Chauve. Denier de Bruges. TB.

34. —   —   Deniers de Chartres, Le Mans et Quentovic. 5 p. B.

35. —   —   Deniers de Saint-Denis et Sens. 2 p. B.

36. — Pépin II, roi d'Aquitaine. Denier de Toulouse. TB.

37. — Louis Ier, roi d'Italie. Denier au temple. 2 p. B.

38. — Louis III. Denier de Tours. TB.

39. — Carloman. Denier de Limoges. B.

40. — Eudes. Deniers d'Angers et de Limoges. 2 p. TB.

41. — Charles le Simple, Conrad, Lothaire, etc. Deniers variés. 10 p. B.

42. — Hugues Capet. Denier de Beauvais. B.

43. — Robert. Denier de Paris. B. *Rare.*

44. — Hugues, fils de Robert. Denier d'Orléans. 3 p. B.

45. — Philippe Ier. Denier de Dreux et obole d'Orléans. 2 p. B.

46. — Louis Ier à Philippe III. Gros, deniers, etc. B. et TB.

47. — Philippe IV à Charles IV. Gros, deniers, etc.

48. — Charles IV. Agnel d'or (H. 1). B.

49. — Philippe VI. Écu d'or (3). B.

50. —   —   Chaise d'or (14). TB.

51. — Philippe VI et Jean le Bon. Gros et divisions. B.

52. — Jean le Bon. Franc à cheval d'or (10). B.

53. — Charles V, dauphin. Florin d'or. (P. d'A. 4890). TB.

54. — Charles V. Franc à pied d'or (2). 2 p. B. et TB.

55. — Charles VI. Écu d'or à la couronne. B.

56. — Charles V à Charles VII. Monnaies diverses en billon. B.

57. — Henri V et Henri VI. Florette et blancs aux écus. 3 p. B.

58. — Henri VI. Salut d'or fr. à Paris. B.

59. — Charles VII. Écu d'or à la couronne. TB.

60. — Louis XI. Écu d'or au soleil, Limoges. B.

61. — Louis XI à Louis XII. Monnaies variées. Arg. et billon.

62. — Louis XII. Écu d'or au soleil. B.

63. —   —   Écu d'or aux porcs-épics, Bayonne. TB.

64. —   —   Teston de Milan (87). B.

65. — François Ier. Écu d'or au soleil, Bayonne (4). B.

66. — François Ier et Henri II. Testons et divisions. Arg. et billon.

67. — François II. Gros d'argent, 1560 (3). TB.

68. — Charles IX. Teston dit Morveux fr. à Orléans, 1563 (20). TB.

69. — Charles IX à Charles X. Testons, etc. 7 p. B.

70. — Henri IV. Demi-franc, quarts d'écu, etc. 6 p. B.

71. — Louis XIII. Quarts d'écu et demi-francs. 5 p. B.

72. — Louis XIII. Demi-louis d'or, 1642 (24). TB.

73. — — Louis et demi-louis d'argent, 1642 (87 et 88). TB.

74. — — Demi-louis d'argent, 1643, et divisions. 4 p. B.

75. — Louis XIV. Écu blanc et division au buste enfantin. 5 p. B.

76. — — Écu et demi-écu blanc au buste juvénile lauré, 1662, Paris et Rouen. B.

77. — — Quart d'écu, 1667, Paris. B.

78. — — Écu du Parlement, 1682, Rennes. TB.

79. — — Écu aux palmes et divisions. 3 p. B.

80. — — Écu aux insignes, etc. 9 p. B.

81. — Louis XV. Écu vertugadin, 1716. B.

82. — — Écu de Navarre, etc. 7 p. B.

83. — — Écu et demi-écu aux lauriers, etc. 8 p. B.

84. — Louis XVI. Demi-louis d'or aux lunettes, 1777, Limoges (4). TB.

85. — — Écu et divisions. 6 p.

86. — Révolution. Écu constitutionnel, monnaies fiduciaires, etc. Argent et cuivre.

87. — — Demi-écu du Piémont, 1799. TB.

88. — — Bonaparte, consul. 5 fr., etc.

89. — Napoléon Ier. Ile-de-France et Bonaparte. Écu de 10 livres, dit « Piastre Decaen », 1810, etc. B.

90. — Napoléon Ier. Joseph, roi d'Espagne. Piastre à 20 réaux, 1810.

91. —   —   Murat, roi de Naples. 5 lires, 1813, etc.

92. — Monnaies féodales et étrangères. Or, argent et cuivre.

93. — Médailles diverses.

LIVRES

94. — Mionnet. *De la rareté et du prix des médailles romaines*. Paris, 1847. 2 vol. reliés in-8°, planches.

95. — Lambert. *Essai sur la numismatique gauloise du Nord-Ouest de la France*. Caen, 1849. Vol. relié in-4°.

96. — Le Blanc. *Traité historique des monnoyes de France*. Amsterdam, 1692. Vol. relié in-4°, avec nombreuses planches.

97. — *Explication historique des principales médailles frappées pour servir à l'histoire des Provinces-Unies des Pays-Bas*. Amsterdam, 1723. Vol. relié in-folio.

98. — Dom Calmet. *Monnaies, sceaux et tombeaux de Lorraine*. Vol. in-folio, planches.

99. — *Indice armorial ou sommaire explication de mots usitez en blason des armoiries*, par Louvain Geliot, advocat en Parlement de Dijon, et dédié à Mgr le Prince. Paris, 1635. Vol. relié in-folio.

100. — *Ouvrages et catalogues archéologiques et numismatiques* (Rollin, 1862 et 1864), etc.

101. — Léon Gautier. *La Chevalerie*. 1 beau vol. illustré. Ed. Victor Palmé.

102. — Henri de Clenziou. *L'Art national*. 2 vol. illustrés.

103. — Paul Lacroix et Ferdinand Seré. *Le Moyen Age et la Renaissance*. 5 vol. in-4°. Edit. 1851.

104. — Paul Lacroix. *XVIIIe siècle, institutions, usages, costumes, lettres, sciences et arts*. 4 vol. in-4°. Belle édition.

105. — Quantité d'autres livres qui seront vendus par lots.

NOTA. — Il dépend aussi de la succession de M. Breton une *Collection de bois sculptés gothiques, style Renaissance*, XVIe et XVIIe *siècles*, et quelques meubles anciens, tableaux et gravures, dont la vente aura lieu le lundi 28 décembre 1903, à deux heures, à l'Hôtel des ventes de Versailles.

VERSAILLES. — IMP. AUBERT 6, AVENUE DE SCEAUX